AF496082

OPINION

SUR

LE REMBOURSEMENT

DE LA RENTE,

Par Fortuné MALBOUCHE.

Les conventions font les lois.

A PARIS,

DE L'Imprimerie DE GAULTIER-LAGUIONIE,
HÔTEL DES FERMES, RUE DE GRENELLE-SAINT-HONORÉ, N° 55.

1824.

OPINION

SUR

LE REMBOURSEMENT

DE LA RENTE,

Par Fortuné MALBOUCHE.

Les conventions font les lois.

L'ARISTOCRATIE n'a vu dans le remboursement qu'une mesure favorable au Gouvernement qu'elle dirige ; l'opposition a montré quels intérêts il froisse et quels dangers il entraîne : l'une et l'autre ont reconnu avec le *Moniteur* que la rente est rachetable. Le Gouvernement a pu voir dans cette manière de décider la question combien est grand l'avantage de parler le premier, et surtout de s'exprimer avec le ton décisif d'une autorité sans appel. Les journaux monarchiques lui ont prêté le secours de leurs commentaires. De la part des opposants la lutte a pu être glorieuse, mais le principe essentiel étant accordé, le suc-

1

cès ne pouvait pas être complet, les armes étaient
inégales. Si le Gouvernement a le droit de rembourser, et si le remboursement lui est avantageux, les raisons tirées de l'inopportunité et de
l'immoralité de la mesure ne le convaincront
pas, et il se conciliera toujours l'opinion publique en faisant valoir la justice et l'intérêt.
Nous allons essayer de lui enlever le premier de
ces moyens de succès, nous lui laisserons le se-
cond, en le fixant dans ses véritables limites.
Quelle que soit l'opinion de nos lecteurs, ils re-
connaîtront que nous n'avons écrit ni pour le
pouvoir qui paie, ni d'après l'autorité qui impose.

Il faut d'abord remarquer que le contrat de
constitution de rente par l'état diffère essentiellement des transactions ordinaires du pouvoir
exécutif. Celles-ci sont incontestablement sous
l'empire de la loi commune. Le pouvoir exécutif
contracte au même titre que les citoyens. En un
mot il aurait sans difficulté le droit de racheter
une rente, s'il l'avait constituée sans une autori-
sation expresse de la législature. Son autorité
n'est ni supérieure ni égale à la loi, il jouit des
droits qu'elle confère, comme il répond des obligations qu'elle impose.

Mais un tout autre ordre de considérations
s'applique aux actes du pouvoir, lorsqu'il con-

tracte sous l'empire d'une législation spéciale. Le législateur, en déclarant sa volonté, compte pour rien la loi commune, qui n'est elle-même qu'une déclaration de cette même volonté. Il est évident que le législateur ne peut se contredire ; si deux de ses déclarations sont différentes, c'est que ce qu'il veut pour un acte diffère de ce qu'il a voulu pour un acte qui semble analogue. La différence est applicable aux contractants, selon la loi qui régit leur contrat. On objectera que la différence n'existe pas dans l'espèce. J'observe que de sa *nature* une rente *perpétuelle* n'est pas rachetable, elle ne peut le devenir que par une disposition expresse de la loi ; la loi qui ne contient pas une telle disposition ne suppose donc pas le rachat possible. Comment en serait-il autrement ? Il s'agit ici d'un contrat dont la loi contient les clauses ; la force de ces clauses est égale à celle de la loi commune, pourquoi celle-ci pourrait-elle les modifier ? il y a autant de raison à soutenir que c'est la loi spéciale, le contrat qui peut modifier la loi commune.

Il est facile de voir pourquoi ces deux lois sont mutuellement indépendantes. Un contrat suppose la liberté des contractants. Le législateur s'est rendu partie intéressée en posant les bases du contrat, en autorisant le pouvoir exécutif à le proposer aux capitalistes ; ceux-ci pouvaient

refuser, auraient-ils accepté s'ils avaient cru res-
ter à la discrétion de leur débiteur? Il faut donc
reconnaître qu'en se rendant partie dans l'acte,
le législateur, indépendant de la loi commune,
a reconnu cette indépendance, dans l'autre contractant; toute infériorité de la part de celui-ci
serait une véritable atteinte à sa liberté : il ne re-
lève comme l'État que des termes mêmes du
contrat. Deux citoyens contractent librement,
quoiqu'ils soient sous l'empire de la loi; il y a
égalité, l'arbitraire est de part et d'autre impossible; mais dans le cas de la loi spéciale, les prêteurs et l'État étaient l'un à l'autre étrangers, ils
ne pouvaient reconnaître la loi civile, puisque
le législateur est supérieur à la loi; ils se réunis-
sent dans l'intérêt commun, les points qu'ils arrêtent ont seuls entre eux de la force. Quel rap-
port y a-t-il en effet entre le point où coïncident
les intérêts de deux contractants, et celui où
les intérêts de chacun se combattent? Par l'effet
de la transaction, il y a eu sacrifice mutuel et
avantage relatif, l'État n'a pas plus le droit de
révoquer ses sacrifices, qu'il n'a eu le pouvoir
de s'assurer tous les avantages. L'intérêt présent
a fait accepter la condition de la perpétuité de
la rente; l'intérêt du lendemain ne peut la détruire.

¶ Il est évident que le principe contraire a pour effet de mettre les prêteurs à la discrétion de l'État. Le pouvoir législatif modifie à son gré la loi civile ; que deviendront les droits des prêteurs, s'ils suivent les modifications ? On opposera le principe tutélaire de la non rétroactivité des lois ; mais de sa nature la souuveraineté est sans limites, c'est un principe sur lequel les partis sont d'accord, ils ne diffèrent que sur la volonté individuelle ou générale qui doit l'exercer, et l'on m'accordera facilement que les créanciers qui opposent à l'État le plus insupportable de tous les droits, celui d'exiger de l'argent. Allèguera-t-on l'intérêt du Gouvernement ? mais l'intérêt peut être diversement interprété, et la diversité des interprétations, si elle n'est pas favorable au Gouvernement, n'est pas moins contraire aux prêteurs.

C'est ansi que la non reconnaissance de ce principe que nous cherchons à établir, de ce principe que la loi spéciale régit seule les actes faits sous son empire, a, dans tous les temps, permis au pouvoir de violer, par des lois nouvelles ou par des lois anciennes faussement appliquées, des droits incontestablement et irrévocablement acquis. Cette non reconnaissance sera une source féconde de violations subséquentes. Je sais bien que l'opinion publique a quelquefois flétri ces infractions du nom de banqueroute; mais il importe qu'il soit clairement reconnu que toute violation à la loi qui fonde un emprunt est une banqueroute : alors le pouvoir sera sans excuse, et il se trouvera dans la législature un grand nombre d'hommes dont la complaisance aurait accordé une violation, et dont la conscience renaîtra à ce nom de banqueroutiers, que les murmures du public apporteront à leurs oreilles.

Faut-il maintenant des preuves que, dans l'intention même du législateur, l'article 1911 du Code civil n'est pas applicable aux constitutions de rente sur l'État? La rente perpétuelle fut déclarée rachetable par l'Assemblée constituante; le Code a reproduit cette déclaration en y ajoutant quelques dispositions réglementaires qui ôtent le rachat à l'arbitraire du débiteur. On ne connaissait pas en France le système anglais des emprunts, aucune rente sur l'État n'était regardée comme essentiellement perpétuelle; l'Assemblée constituante n'eut pour motif que de mettre un terme à ces éternelles redevances, qui introduisaient parmi les citoyens une éternelle dépendance; elle voulut anéantir ces droits nobiliaires et sacerdotaux, qui, dérivés de la conquête de l'usurpation et de l'immoralité puissante, frap-

paient jusqu'aux dernières générations, ou em-
barrassaient de mille obstacles la circulation des
immeubles. La loi atteignit son but; les derniers
vestiges de la féodalité furent effacés, et le Code
nous a garanti qu'ils l'étaient sans retour ; l'homme
opulent n'imposera pas à la postérité le poids de
ses richesses, un privilége anti-social ne con-
duira plus à la violation des droits les plus sacrés
de l'humanité; mais ces résultats, que la sagesse
de la loi a seule voulu empêcher, la perpétuité
de la dette publique doit-elle les faire craindre?
Observons que le Code, loin d'étendre à la dette
la faculté de rachat, s'est borné à en régulariser
l'exercice entre particuliers. Or, en admettant la
perpétuité des fonds publics, quel citoyen est
soumis à un autre? quelles usurpations de droit
sont possibles? quels redoutables antécédents
avons-nous à faire disparaître? quels procès
vont être plus embrouillés? Le Gouvernement
se plaît à nous l'annoncer : la rente sera de fait
perpétuelle, les besoins publics rendront toujours les emprunts nécessaires ; on nous assure
qu'ils sont un moyen d'activer la production, de
ranimer toutes les industries, et par suite, de
multiplier les transactions : on ajoute que l'État
devient par eux le dépositaire de la fortune des
citoyens, dont le sort est plus intimement lié à
son existence et à sa prospérité; les emprunts

ont donc mérité une faveur spéciale. L'État ne peut invoquer aucun des motifs qui ont inspiré l'article 1911; les principes, la forme et les effets d'une constitution de rente sur l'État, diffèrent essentiellement des principes, de la forme et des effets d'une constitution de rente entre particuliers. La loi civile n'a pas été dans l'intention du législateur de la loi spéciale.

Le Code, pour assurer au prêteur la jouissance de son contrat, lui permet de stipuler que le remboursement n'aura pas lieu avant une époque déterminée. Le Gouvernement se prévaut de la disposition qui déclare la rente rachetable. Mais pourquoi, trompant le prêteur sur la perpétuité, lui a-t-il interdit la faculté de fixer après quel temps ou dans quelles circonstances le rachat deviendrait légal et possible? Erreur de droit n'excuse pas. Mais qu'on réfléchisse à tout ce qui accompagne la constitution de rente par l'état, à la délibération publique, au caractère de loi imprimé à cette constitution, à l'action presque passive et essentiellement obéissante du pouvoir exécutif, et qu'on dise si tout ne concourt pas à tromper le prêteur; qu'on décide si le pouvoir ne devait pas l'avertir. Une clause bien simple ajoutée à la loi de l'emprunt aurait dissipé tous les doutes et prévenu toutes les difficultés. Mais la sanction de cette loi par le même pouvoir d'où émane la loi civile ôtait au prêteur tout soupçon, et lui laissait une pleine sécurité sur la valeur réelle de ses dispositions.

Le prêteur s'est borné à accepter le contrat, les clauses douteuses sont contre celui qui les a faites. Il est contradictoire que ce qui est qualifié de perpétuel puisse être transitoire; mais si la rente est rachetable, elle l'est sans condition par le simple effet de la loi civile; elle l'est en tout temps et pour le prix de sa constitution; la loi civile n'admet aucune distinction entre ce prix et celui purement imaginaire que le gouvernement se dit obligé de rembourser. Mais si le remboursement n'a pas lieu selon la loi civile, il faut nécessairement reconnaître qu'elle est étrangère au remboursement opéré selon la loi spéciale. Il est vrai que si le Code était postérieur à la loi de l'emprunt, on pourrait dire qu'il l'a modifiée; mais tout au contraire, la loi spéciale est plus récente, elle peut donc être considérée à son tour comme un cas nouveau d'exception, comme une dérogation particulière d'ailleurs assez justifiée par l'intérêt réciproque des contractants, et qui était parfaitement dans leurs attributions.

La loi spéciale régit donc seule le contrat. Il nous reste à discuter ses dispositions pour en déduire les droits respectifs de l'État et de ses créanciers. Nous commencerons par apprécier une conséquence qu'on ferait valoir contre notre opinion , et qui doit être admise comme raison à l'appui.

Nous avons établi qu'il existait relativement au contrat une mutuelle indépendance entre les pouvoirs publics et les prêteurs. Ceux-ci pouvaient refuser; ils auraient refusé si au danger de perdre leurs fonds par la chute du Gouvernement était venu s'ajouter la crainte de les perdre par le simple effet de sa volonté ! Mais si les pouvoirs publics n'ont pas le droit de révoquer leur volonté, peuvent-ils l'interpréter ? Interpréter, c'est fixer des droits ; les pouvoirs publics ne sont pas compétents, ils seraient juges dans leur propre cause ; le prêteur retomberait dans l'arbitraire de leurs déterminations. Or, dans le cas présent, une difficulté se rencontre, une prétention nouvelle est élevée. Quel en est le juge, le législateur? Mais le contrat n'est pas soumis à son autorité souveraine ; le prêteur y a concouru comme lui , avec la même liberté ; il peut au même titre réclamer le droit de l'interpréter. Dans les cas ordinaires, entre citoyens, le législateur interprète , quand sa loi est reconnue obscure ou insuffisante. Il le peut , son autorité est supérieure, et par suite désintéressé; ici elle est égale et intéressée.

Qui donc sera juge entre l'État et ses créanciers?

Faut-il recourir à la juridiction du conseil d'état?
C'est demander si le mandataire est plus puissant
que son mandant, et si le subordonné est le juge
naturel du supérieur. Il faut de nécessité recourir
au seul pouvoir indépendant *par la nature de
ses attributions*, du mandant, du mandataire et
de l'autre contractant.

Le pouvoir judiciaire est indépendant des deux
autres; il possède *seul* le droit de déterminer
les applications de la loi, et de prononcer sur les
contestations qui naissent *des contrats libres
entre particuliers*. Entre l'État et ses prêteurs il
est intervenu une convention libre; le pouvoir
judiciaire a donc le droit d'en connaître et de
décider comme en l'absence de toute loi selon
les principes de l'équité naturelle; et si l'on ap-
pelle loi le contrat lui-même, ce sera d'après son
texte, mais d'après son texte seul qu'il aura à se
décider.

La représentation nationale n'est pas juge du
différend, et de cette conséquence on ne peut
rien alléguer contre la vérité du principe. Mais,
dit-on, les Chambres représentent tous les intérêts; elles sont, sans contestation, les suprêmes
arbitres de tous les différends. Je n'examinerai
pas si le ministère regarde les Chambres comme
autre chose qu'un facile contrôle qu'il s'est donné.
Je suis aussi forcé d'écarter la question princi-

pale de savoir si ceux qui représentent une nation ont caractère d'arbitres pour décider sou-
verainement sur des intérêts opposés à ceux de
cette nation. Puisque le droit humain est assez
peu étudié pour qu'il pût paraître ridicule de
croire que les intérêts des deux parties ne sont
bien défendus que lorsqu'elles se sont mutuellement exposé leurs prétentions, qu'il me soit
permis, s'il est vrai que dans les Chambres tous
les intérêts ont des organes, de leur dire qu'elles
ne doivent pas juger comme représentation nationale, mais comme *congrès*. Un congrès suppose des intérêts contraires et un intérêt commun ;
les intérêts contraires de l'état et des prêteurs,
ce sont leurs prétentions respectives ; l'intérêt
commun, c'est la justice.

De cette distinction je ne prétends tirer qu'une
conséquence. La Chambre ne doit pas plus se
décider d'après l'intérêt du Gouvernement que
d'après celui de la nation. Si l'intérêt national
est la suprême loi, annulez tous les emprunts. Le
crédit en souffrirait. Reconnaissez donc que tout
ce qui attaque le droit attaque le crédit. Il ne
s'agit plus que de chercher le droit, il importe
peu que la décision augmente ou diminue l'argent de la nation.

Le droit est dans le contrat. Nous allons en
discuter les termes.

Les termes du contrat sont dans les lois qui régissent la matière des emprunts publics et dans les actes du pouvoir exécutif, sanctionnée par la législature et approuvé par les prêteurs. Le Gouvernement donne pour un *capital indéterminé des rentes à cinq pour cent consolidés.* Le capital est indéterminé, car il est relatif à l'intérêt de l'argent sur la place, journellement influencé par des circonstances qu'il est impossible de maîtriser. Cet intérêt pourrait être inférieur à celui qui est offert par le Gouvernement. Dans ce cas les rentes se vendent bien; si le cours est à 125, il ne sert en réalité qu'un intérêt de 4 pour o/o. On ne peut douter que si le gouvernement émettait alors une petite quantité de rentes, il ne trouvât ce capital pour ses cinq pour 100. Mais aurait-il le droit de rembourser ses créanciers sur le pied de 100 francs? Ne volerait-il pas 25 francs? N'y aurait-il pas de l'absurdité à prétendre qu'en achetant des rentes à cinq pour cent, on a accepté 100 francs pour 125? L'argent de l'État vaut-il plus que celui des particuliers?

Des circonstances que certes le Gouvernement voudrait empêcher, mais qu'il faut bien subir, rendent l'argent plus cher, élèvent l'intérêt : on ne donne, par exemple, que 60 fr. pour 5 de rente. Force lui est d'accepter, son intérêt ne vaut pas davantage. L'argent, comme toutes les autres marchandises, n'a qu'une valeur relative; il varie avec l'abondance de l'offre et la vivacité de la demande : aujourd'hui, il est rare, il est cher; demain, il abonde, le prix s'améliore pour l'acheteur; mais à l'époque où le gouvernement a acheté, où le vendeur a accepté cinq du cent nominal pour 60 réels, l'argent ne valait pas davantage, parce que l'offre n'était pas en proportion de la demande; mais l'intérêt est-il moins irrévocablement acquis? dira-t-on que le Gouvernement n'achetait pas, qu'il empruntait? c'est être dupe des mots. La preuve qu'il achetait, et de la manière la plus irrévocable, c'est que son créancier n'avait pas le droit de lui demander une autre chose que le prix de la vente, l'intérêt à cinq pour cent. Comment le Gouvernement conserve-t-il le droit de rembourser, tandis que le prêteur n'a pas celui d'exiger sa créance?

Dira-t-on qu'on n'a entendu échanger que cinq francs pour cent, et qu'on peut toujours donner cent en place de cinq? pourquoi recevoir en échange un capital moindre, et reconnaître qu'on pourrait aujourd'hui obtenir un capital supérieur? Il est clair que cette dénomination de cinq pour cent, qui abuse tant de gens, et, je me plais à le croire, le Gouvernement lui-même, signifie seulement qu'on ne pourra jamais exiger plus de cinq du capital réel, nominalement porté à cent, pour dissiper à cet égard toutes les incertitudes; mais par une conséquence nécessaire, cette dénomination veut dire aussi que le prêteur ne recevra pas moins de cinq de son capital.

En effet, le capital augmente, les cinq pour cent sont à 120; il est clair que, d'après votre système, si vous ne vous hâtez de rembourser, le prêteur peut exiger que vous lui donniez six. « Mon argent, dira-t-il, vaut un cinquième de plus; je ne consens à vous le prêter qu'à condition que vous m'en paierez la valeur. Or, cette prétention serait absurde; l'argent vaut moins à mesure que la rente s'élève; il abonde, les placements sont moins productifs. De cette vérité, vous-même vous faites un argument, et cependant votre prétention est exactement semblable à celle de votre prêteur : tous deux vous voulez détruire le contrat, les cinq pour cent, d'après des variations que vous aviez prévues, et desquelles vous vous étiez interdit de profiter.

A ces raisons, le Moniteur répondra que les fonds publics sont des capitaux et non des rentes; *cela est prouvé par ces mots, cinq pour cent.* Si vous avez emprunté un capital en vous réservant le droit de le rendre, vous pouvez le restituer, non au cours de la place, mais comme vous l'avez reçu. Si votre argent d'aujourd'hui vaut autant que celui de l'emprunt, pourquoi seriez-vous tenu d'en donner davantage?

Mais revenons au système que vous paraissez avoir adopté. Il s'agit d'une rente : est-elle rachetable d'après les lois constitutives? La loi civile est inapplicable, et nous avons montré que les Chambres sont inhabiles à vous relever de vos obligations. Il faut éclaircir quelle est la nature de la rente pour en déduire le rachat ou la perpétuité réelle. Une rente est essentiellement viagère ou perpétuelle; les jurisconsultes sont d'accord. Les inscriptions au grand-livre sont d'une rente perpétuelle : ceci importe peu; mais la rente n'est pas viagère, elle n'est constituée sur la tête de personne. Lorsque le remboursement n'est pas stipulé, une rente est un *revenu annuel*. Où est le terme de ce revenu, à moins de soutenir qu'elle est remboursable à tous les instants, à tous les cours, à 60, à 70, à 80, comme à 110, à 120, à 130. Vos prétentions ne vont pas jusque là, votre crédit en souffrirait trop; la rente est donc essentiellement perpétuelle.

Tout d'ailleurs s'explique parfaitement. Pourquoi avez-vous constitué des rentes? Par la raison toute simple que vous n'avez pas encore les moyens de rembourser le capital. Pourquoi des rentes perpétuelles? Parce que sans cette condition personne ne vous aurait prêté. On vous a prêté dans l'espérance d'avoir toujours le même revenu. La hausse du capital ne regarde ni vous, ni les véritables prêteurs. Elle n'intéresse que les spéculateurs qui n'entrent pour rien dans le contrat; il est clair qu'ils n'y entrent pas en qualité de spéculateurs. Que serait-ce donc, si à la chance de perdre le capital par votre chute était unie la possibilité de perdre bientôt l'intérêt par votre caprice? Vous avez prévu comme les prêteurs l'augmentation illimitée du capital, elle est l'effet de votre stabilité acquise par leur argent; ils n'aiment la hausse que comme preuve de la solidité de leur placement; toute leur espérance est de voir la rente, comme vous dites, *assise*. Car la rente tend nécessairement à se mettre au niveau des autres placemens; pourquoi lui retireraient-ils leurs fonds? Ils ne doivent pas être mieux placés. Avoir pour un petit capital un bon revenu, voilà leur but. Pour l'atteindre ils se sont exposés, ils vous ont accordé une confiance que bien d'autres vous refusaient; de quel droit leur enlevez-vous une récompense méritée? A quel titre venez-vous leur disputer le prix des dangers qu'ils ont courus, et des efforts qu'ils ont tentés pour vous sauver peut-être?

Vous dites qu'ils ont assez gagné sur le capital.

2

Mais le capital n'est pas l'objet du contrat, c'est une rente et une rente perpétuelle; ils ont risqué un fonds pour se l'assurer. Rembourser est donc leur ôter le seul avantage qu'ils s'étaient ménagé; le contrat, ses termes, ceux qu'on avoue, sont violés. Lorsque l'état a eu l'intention de rembourser, il a imposé la condition du remboursement; lisez la loi du 23 septembre 1814. Le Gouvernement se réserve de rembourser, si mieux n'aiment les créanciers consentir à une réduction d'intérêts; répondrez-vous qu'ils s'agissait ici de l'arriéré? Mais il y a un grand nombre de rentiers qui sont créanciers par l'arriéré.

Il est facile de s'expliquer pourquoi l'état n'a pas stipulé le remboursement, la caisse d'amortissement l'opère chaque jour; la législature n'avait pas besoin de déclarer que les prêteurs seraient tenus de le recevoir, elle avait déjà dit de quelle manière il aurait lieu. On avoue que les rentiers ont prêté sous l'empire de la législation relative à l'amortissement; qu'il est entré dans leurs droits, que le Gouvernement ne peut pas le supprimer : les lois qui le régissent font donc partie des clauses du contrat. Or, qu'est-ce que l'amortissement? un moyen d'éteindre la dette publique en remboursant au cours de la place. Les calculs du Gouvernement ont établi que par la dotation et la puissance de l'intérêt composé, la dette publique serait intégralement rachetée en moins de quarante-cinq ans. Ce mode de rachat est le meilleur de tous, il est favorable au prêteur qu'il soustrait à l'arbitraire du débiteur et auquel il assure le placement de ses fonds pour un temps qu'il avait pu prévoir, il est favorable au Gouvernement qui y trouve le moyen de se libérer, sans augmenter annuellement ses dépenses. Observons maintenant que le remboursement qu'on propose aujourd'hui n'est qu'une spéculation, ou comme le dit fort bien le ministère, une opération financière; il ne rembourse aux uns que pour devoir aux autres, ou plutôt il n'a pas l'intention de rembourser, il ne pose l'alternative du remboursement ou de la réduction que pour obtenir la réduction. Il est donc clair que, si au moment de l'emprunt, il n'a pas fait de stipulation spéciale, c'est qu'il n'avait pas l'intention de rembourser, c'est qu'il sentait l'impossibilité de faire un remboursement réel, c'est qu'il ne voyait de remboursement effectif que dans l'amortissement.

Ce dernier aperçu prouve que, si la Chambre décidait, que, par l'effet de la loi civile la rente est rachetable (ce qui serait contre tous les principes), les prêteurs pourraient toujours et victorieusement opposer l'existence de l'amortissement, à la perpétuité de la rente, et dès-lors à la prétention de la racheter. Vainement l'État dirait-il qu'elle est de fait perpétuelle, puisque ses besoins nécessiteront de nouveaux emprunts. De quel droit les anciens créanciers seraient-ils sacrifiés aux nouveaux? ils sont donc à la discrétion du Gouvernement. S'il est vrai que la rente est perpétuelle et qu'il peut y ajouter sans fin et sans mesure, pourquoi le serait-elle pour donner au ministère la facilité d'abîmer l'État de dettes et de porter le plus grand dommage aux créanciers anciens, et pourquoi perdrait-elle ce caractère lorsqu'il s'agit de la rembourser et de frapper encore les créanciers actuels. N'est-ce pas là une législation absurde? La rente est perpétuelle ou elle ne l'est pas. Si elle l'est, ne rachetez pas, si elle ne l'est pas, n'ayez pas deux manières de la racheter.

Ainsi donc, la loi d'émission des emprunts, la loi de l'amortissement, les termes de l'inscription au Grand-Livre par le pouvoir exécutif; en un mot, toutes les clauses du contrat s'accordent pour interdire au Gouvernement le rachat actuel et intégral de la dette publique, ou le mot pair appliqué à la rente est vide de sens, ou il signifie pour chaque prêteur le cours auquel il a acheté.

Examinons maintenant les raisons du Gouvernement. Il dit qu'il n'est pas juste que ses créanciers gagnent et que sa condition soit empirée. Est-il vrai? Paye-t-il un plus fort intérêt? Celui qu'il donne est cependant le même qu'à l'époque du contrat. La hausse est l'heureux effet de la prospérité publique; si l'Etat était en souffrance, on concevrait que le Gouvernement sollicitât un sacrifice, il ne serait pas sans doute fondé à l'imposer, il ne voudrait pas l'imposer dans un temps de crise et de malheur, le peut-il quand il n'est pas nécessaire? vous devez aux rentiers cette prospérité que vous invoquez contre eux.—Ils ont assez gagné.—Supposons, mais le gain le plus fort entrait dans leur calcul comme le danger le plus redoutable, leurs fonds étaient exposés; ils pouvaient les perdre. Vous n'êtes pas recevable à leur opposer la hausse, elle était implicitement, mais nécessairement prévue. Vous le saviez, vous l'espériez comme eux; la raison de prêter ne peut devenir la raison de perdre.

Vous prétendrez que les placemens sur vous sont plus avantageux que sur les autres, et que vous devez en profiter; vous le pourriez, si vous receviez des placemens par de nouveaux emprunts. Rien ne vous y autorise, lorsque le placement est effectué et surtout qu'il l'est à perpétuité, il ne vous importe pas que les prêteurs vendent ou avec leur créance, vous ne payez pas un plus fort intérêt. Puisque vous invoquez la loi civile, lisez l'article 1249, et dites si un débiteur peut empêcher son créancier de subroger un tiers dans ses droits et actions, et s'il peut profiter en quelque chose de cette subrogation?—Mais l'amortissement s'exécute avec plus de lenteur, je souffre de la subrogation, j'ai le droit ou de la rendre moins onéreuse ou de la faire cesser. — Pourquoi dans les lois qui établissent l'amortissement et que vous reconnaissez appartenir au prêteur comme à vous, avez-vous déclaré que vous racheteriez *au cours de la place?* Cette condition est du contrat, elle a concouru à déterminer vos prêteurs, vous n'avez pas plus le droit de vous en plaindre que le pouvoir de la révoquer. Telle a été organisée la machine des finances françaises, il faut qu'elle suive sa loi et qu'elle achève sa course. Il est d'ailleurs évident, que, si dans ce système le remboursement doit être plus long, chaque chance de gain est balancée par la supposition d'une durée plus grande de la part du Gouvernement. Celui-ci reconnaît que la rente est variable, il ne faut pas plus fixer le terme de cette variation, que la limite des dangers du prêteur.

Enfin, le Gouvernement avec une ingénuité parfaite, fait valoir son propre intérêt comme motif péremptoire de réduire l'intérêt de la rente. Il importe fort peu à un homme que l'on vole que

voleur y trouve son profit, il ne le voit que trop.
Quand à l'intérêt des contribuables; il est clair
qu'il se confondra avec celui de l'État, et que la
question n'est pas de savoir si l'État profitera,
mais s'il a le droit de profiter.

Voyons à présent la conséquence des principes que nous combattons. L'intérêt du Gouvernement lui fait désirer le remboursement,
mais il a droit de l'effectuer aussitôt que la rente
atteint le pair, il est clair qu'il a un intérêt direct
et personnel à la faire monter. Le voilà en opposition avec toutes les industries, l'agriculture
est florissante, le commerce prospère, les manu-
factures possèdent d'immenses débouchés; alors
sans doute tous les fonds publics offrent un placement peu avantageux, chacun sait que la rente
baisse quand l'industrie occupe l'argent qu'elle
absorbait. Mais si le Gouvernement veut faire une
expédition dans le genre de la guerre d'Espagne,
ou accorde une indemnité dans le genre de celle
des émigrés; le besoin d'argent est évident, il
répugne à augmenter l'impôt, le public s'éveille
quand on en veut à sa bourse, restent les emprunts
pour emprunter, il faut des impôts qui répon-
dent des intérêts, comment faire? Un expédient
bien simple se présente, on fait hausser la rente,
elle touche le pair, l'intérêt est réduit voilà des
impôts sans emploi et aussitôt on fait de nou-

veaux emprunts sans que personne y prenne garde. Mais le trésor public est grevé, en plus de quelques centaines de millions. (Voyez le résultat avoué de l'opération ministérielle), de nouvelles réductions sont de jour en jour plus difficiles et les impôts finissent par devenir éternellement irréductibles.

A ces déductions on opposera que le Gouvernement n'a pas le pouvoir de faire hausser la rente d'une manière assez sensible, pour rendre possible de tels résultats; mais les institutions déniées à l'agriculture, les entraves mises à la liberté du commerce, les débouchés refusés à l'industrie, ne sont-ils pas des moyens décisifs? Que deviennent les nombreux capitaux créés dans des temps prospères ; ils sont destinés à de nouvelles productions , mais dès que le petit nombre des marchés amène l'encombrement, les ventes s'arrêtent , la circulation se ralentit, les spéculations cessent et les fonds publics deviennent le seul refuge des capitaux inoccupés. Telle sans doute n'est pas notre situation. Mais que l'on pense à Saint-Domingue , à l'Amérique méridionale, et aux projets de l'aristocratie, qu'on se souvienne de la domination bureaucratique qui pèse sur nos campagnes , et qu'on dise s'il n'y a dans la hausse de nos fonds aucun motif de nécessité malheureuse : qu'on dise si la nullité du commerce vient de la déplorable fureur de jouer sur les rentes, ou si cette fureur ne vient pas de la nullité du commerce.

On citera l'Angleterre : là aussi on réduit l'intérêt de la dette, et cependant le commerce est protégé. La situation de l'Angleterre est sans analogie. Une aristocratie toute puissante y domine. Elle est à la fois législatrice et exécutrice, capitaliste et agricole. La guerre a conduit l'État à une dette énorme que l'aristocratie possède, et la concentration des richesses est devenue telle, que, trois millions de pauvres étant à la charge du pays, l'aristocratie a fini par payer elle-même avec le revenu de ses terres l'intérêt de ses capitaux, elle a tout englouti, elle se mange elle-même, c'est le serpent qui dévore sa queue. La diminution de l'intérêt de ses capitaux a véritablement augmenté son revenu territorial. Malheur aux aristocraties qui voudraient marcher sur ses traces, elles n'ont pas ses vertus, elles auraient tous ses vices !

Que les ministres s'interrogent, qu'ils examinent la situation réelle des choses, et qu'ils disent si la hausse est bien franche, je n'ose m'en réjouir ; je crains que l'activité de l'agiotage n'y ait encore plus de part que la gloire de notre armée. Les ministres n'ont rien fait dans la vue de ce résultat, d'accord; mais la volonté n'y fait rien, c'est la cause réelle qu'il faut considérer. On se plaint du jeu effréné des agioteurs, il entre pour beaucoup dans la hausse ; mais fournissez à la spéculation des objets plus élevés et plus profitables à l'humanité, et les spéculateurs seront moins possédés de cette ardente personnalité qu'inspire le jeu de la bourse, et qui pousse tout dans une position forcée. Vos familles ne déploreront plus de tristes scandales (1), et l'honneur héréditaire ne sera pas judiciairement attaqué, les fonds publics seront stationnaires, le rentier ne craindra pas pour son avenir, l'agriculture et l'industrie n'attendront pas un secours de sa détresse et ne s'enrichiront pas de sa ruine. A la vérité vous n'aurez pas l'honneur des grandes opérations financières; mais vous concourrez à tous les bonheurs, vous serez national, et les agitations que vous redoutez expireront au milieu des bénédictions du peuple.

---

(1) Procès entre M. Perdonnet et Forbin-Janson.